LA COLONNE

DE

MAZAGRAN,

PAR

BARTHÉLEMY.

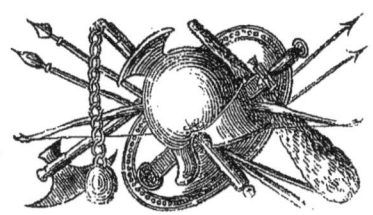

PARIS.
IMPRIMERIE DE BÉTHUNE ET PLON,
RUE DE VAUGIRARD, 36.

—

1840.

LA COLONNE
DE MAZAGRAN.

LA COLONNE

DE

MAZAGRAN,

PAR

BARTHÉLEMY.

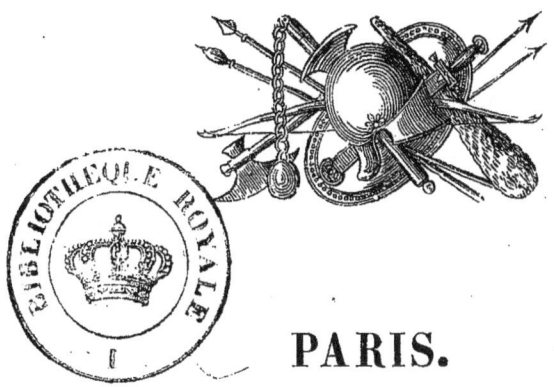

PARIS.
IMPRIMERIE DE BÉTHUNE ET PLON,
RUE DE VAUGIRARD, 36.

—

1840.

MAZAGRAN.

Ajoutez cette obole au tribut populaire,
Comme dette d'honneur et non comme salaire.
Poëte et citoyen, je viens obscurément
Porter mon grain de sable au futur monument;
Rouvrez, quoiqu'il soit tard, rouvrez à ma demande
Le tronc patriotique où l'on jette l'offrande;
Vers cette urne où chacun dépose son denier,
Je serai fier encor d'approcher le dernier,
Afin de n'être pas le seul qui ne concoure
A dresser la colonne offerte à la bravoure.
Puisse cette colonne, immortel souvenir,
Que la France architecte a pris soin de bâtir,

Loin d'être emmaillotée en sa prison de toile,
Pour y languir trente ans comme l'Arc-de-l'Etoile,
Comme tant de chefs-d'œuvre, avortons triomphaux,
Vieillis avant de naître entre leurs échafauds;
Puisse-t-elle, devant tout un peuple en extase,
Improviser sa tête aussitôt que sa base,
Et, magique travail d'un sublime sculpteur,
Jaillir, en un seul bloc, dans toute sa hauteur !
Mais, c'est peu de construire une œuvre périssable
Dans les plaines d'Alger, sur des rives de sable,
Où l'Arabe et le temps rendent tout hasardeux;
Au lieu d'un monument qu'on en bâtisse deux :
L'un au désert, planant sur tout le territoire
Où le soleil a vu ce prodige de gloire ;
L'autre, sur une place, au centre de Paris,
Ainsi que l'obélisque où veille Sésostris;
Afin qu'à leur retour au sol qui les vit naître,
Ces fraternels soldats s'y puissent reconnaître,
Et ne demandent pas si nous nous souvenons
D'un vieil ordre-du-jour qui proclama leurs noms.

Mais se peut-il? grands dieux ! quelle erreur est la mienne!
Voilà donc ce qu'a fait la France citoyenne !

Ces généreux élans dont on fait tant de bruit,
Voilà donc, en trois mois, tout ce qu'ils ont produit!
Ne vous trompez-vous pas, chaleureux journalistes?
Est-ce bien le total de tant de longues listes?
Croit-on par le secours de ces chiffres mesquins
Dresser une colonne aux héros africains?
Publier de tels dons, c'est publier sa honte.
O plate économie! ô flétrissant mécompte!
O pour l'homme intrépide affront décourageant!
O siècle de calcul, d'égoïsme et d'argent!
Epoque prosaïque! Espèce décrépite
Où l'homme au sein de lui ne sent rien qui palpite,
Et ne regarde plus qu'avec un air moqueur
Tout élan qui jaillit de la tête et du cœur!
Quoi! vous restez glacés devant de telles flammes!
Et que faudra-t-il donc pour émouvoir vos ames?
Cent-vingt soldats, sans pain, sans poudre, sans secours,
Contre plus de dix mille ont combattu trois jours;
Sans vouloir, en fuyant, se frayer une route,
Leur savant désespoir a sauvé la redoute;
Si la victoire est belle en trouvant le tombeau,
Survivre à son triomphe est un acte plus beau.
Ah! quand le télégraphe, éloquent pantomime,
Publia dans Paris leur miracle sublime,

Comment n'a-t-on pas vu s'électriser d'un bond
Le palais Luxembourg et le palais Bourbon,
Et, sans vaines raisons froidement débattues,
La France leur voter des croix et des statues?
Non, dans l'âge moderne ou dans les temps passés,
Jamais de tels exploits ne furent effacés ;
Pourquoi nous récrier sur des gloires lointaines?
Des Codrus, des d'Assas, en voilà par centaines ;
A la place des morts en voilà de vivans.
Certes, puisqu'aujourd'hui vous êtes si fervens,
Si prompts à pressurer vos budgets économes
Pour ciseler le marbre en l'honneur des grands hommes;
Puisque chaque cité, bourg, village ou hameau,
Brûlant de décerner le civique rameau,
Veut, par ses conseillers unanimes de vote,
Gratifier d'un buste un nom compatriote,
Vous pouvez contenter ce généreux désir :
En voilà des héros, vous n'avez qu'à choisir.
Au lieu de prodiguer vos fastueux centimes
Pour mettre en piédestal des gloires anonymes,
D'exhumer du tombeau des patrons incertains,
Ouvrez le *Moniteur*, lisez ses bulletins,
Lisez de Mazagran la merveilleuse histoire,
Fouillez à pleines mains ce riche répertoire ;

S'il vous faut, à tout prix, un grand concitoyen,
Que chacun d'entre vous revendique le sien.

Oh! comment expliquer cette froide atonie?
Vous oubliez pourtant votre parcimonie
Quand, dans un club obscur ou dans un restaurant,
Un tribun candidat, un philantrope errant,
Viennent, pour exalter leurs vertus hypocrites,
Débiter l'impromptu de leurs phrases écrites;
Alors, sans calculer des frais dispendieux,
Vous tombez à genoux devant ces demi-dieux,
Vous votez un banquet, et pour ce jour de fête
Vous courez, à tout prix, souscrire à tant par tête.
Eh quoi! lorsqu'un chanteur, blasé sur votre accueil,
S'en va mourir à Naple étouffé par l'orgueil,
De vos regrets amers pour donner une preuve
Vous comblez de vos dons ses enfans et sa veuve!
Quoi! lorsqu'après trente ans de fructueux succès,
De rentes que n'ont pas nos maréchaux français,
Quelque acteur adoré, quelque divine actrice
Annoncent, pour adieux, leur jour de bénéfice,
A ce jour solennel, il vous faudra les voir,
C'est pour vous un plaisir ou plutôt un devoir,

A dix fois sa valeur, votre main libérale
Quinze jours à l'avance a conquis une stale ;
Et l'idole publique, un dernier soir encor,
Se retire, ployant sous des couronnes d'or :
Oh ! rien ne coûte alors à votre idolâtrie !
Et quand d'autres acteurs, soutiens de la patrie,
Dont jamais afficheur ne placarda le nom,
Se montrent, en ayant pour orchestre un canon,
L'Afrique pour théâtre et l'Atlas pour coulisses ;
Quand, dis-je, ces acteurs, parés de cicatrices,
Viennent jouer, pour vous, un drame éblouissant,
Un drame qui finit par la mort et le sang,
Alors, qui le croirait ! citadins égoïstes,
Loin de rémunérer ces glorieux artistes,
Vous dites que l'Afrique est pour eux un chantier,
Que la France les paie, et qu'ils font leur métier.
Malheur à vous ! Malheur à ces froids caractères
Qui ne tressaillent pas aux vertus militaires !
Un jour, n'en doutez point, par de cruels effets,
Le ciel vous punira des biens qu'il vous a faits.
Mauvais dispensateurs des richesses humaines !
Sachez que les épis de vos larges domaines
Ne vous furent donnés par le père commun
Que pour en faire part à ses enfans à jeun.

Ce n'est qu'en protégeant, par un secours facile,
Le génie affamé, l'honneur sans domicile,
En marquant chaque jour par quelque nouveau don,
Qu'on peut de sa fortune acheter le pardon.
Sitôt que, dans ce siècle avare de merveilles,
Quelque fait mémorable étonne vos oreilles,
Dès que vous entendez le retentissement
D'un héroïque exploit, d'un noble dévoûment,
C'est à vous d'applaudir à de si grandes choses,
De les salarier par des apothéoses,
De payer à David son magique burin,
De transformer votre or en monumens d'airain.
Vos trésors sont grevés de cette servitude,
Et le sort vous a fait la tâche la moins rude :
Chacun doit, ici-bas, donner et recevoir ;
La dette est réciproque ainsi que le devoir ;
Que chacun dignement s'acquitte de son rôle.
Les uns, le sabre au poing, le fusil sur l'épaule,
Entraînés par l'instinct ou la nécessité,
Vont conquérir pour vous un sol ensanglanté ;
Ceux-là n'ont pas le temps de saisir dans leur course
Les faveurs, les emplois, les lucres de la Bourse :
Ils prennent sur la terre un moment de sommeil,
Ils subissent la faim, la neige, le soleil,

Ils n'ont devant les yeux qu'un but, qu'un héritage,
La gloire; c'est le moins qu'elle soit leur partage.
Pour vous qui savourez tant de plaisirs divers,
La fraîcheur des étés, la chaleur des hivers,
Le doux repos quand luit l'aurore purpurine,
L'Opéra que Duprez remplit de sa poitrine,
Les courses de chevaux fécondes en paris,
Sybarites vermeils du Café de Paris !
Conquérans de salons ! bornez-là votre histoire :
La gloire qui vous reste est d'honorer la gloire ;
De faire un de ces dons qui vous coûtent si peu
A ces hommes de fer qui vivent dans le feu,
Qui prodiguent leur sang comme l'eau des fontaines,
Pourquoi ? Pour devenir lieutenans, capitaines,
Pour être moins payés que des commis d'octroi
Et sur leurs derniers jours manger le pain du roi.

Hélas ! ma faible voix en vain vous aiguillonne :
C'en est fait ; Mazagran n'aura pas sa colonne.
Vous craignez de semer quelques parcelles d'or,
Eh bien, malheur à vous ! je le répète encor ;
Le temps justifiera mes sinistres paroles.
Rien ne trouble aujourd'hui vos habitudes molles,

La guerre dans vos cœurs ne porte aucun souci,
Et le canon d'Alger ne vient pas jusqu'ici ;
Mais ne vous flattez pas d'un repos chimérique :
Tous les Abd-el-Kader ne sont pas en Afrique ;
Rien ne vous garantit une éternelle paix,
La foi diplomatique est un mystère épais,
Pour allumer d'un coup l'Europe universelle
Il suffit que d'un point jaillisse une étincelle.
Savez-vous si jamais les Arabes du Nord
Ne viendront se ruer sur votre coffre-fort ;
Ou si la vieille émeute, endormie et non morte,
Ne reparaîtra plus hurlant à votre porte ?
Dans ces momens de crise, en ces communs abois,
Irez-vous convoquer, pour défendre vos toits,
Ces princes de théâtre à haute renommée,
Ces avocats-tribuns détracteurs de l'armée,
Qui, pour se disculper de craindre le péril,
Nous prônent, si souvent, le courage civil ?
Non, vous implorerez ces vieux hommes de guerre
Dont la gloire aujourd'hui vous semble si vulgaire,
Ceux qui dans ce moment combattent sous Alger,
Ceux qu'on trouva toujours aux heures du danger ;
Alors, vous les prierez avec des yeux humides,
Alors, vous voterez pour eux des pyramides ;

Il ne sera plus temps : sourds à vos lâches cris,
Ils se ressouviendront de vos anciens mépris.

Jusque-là, jusqu'aux jours marqués par ces orages,
Rassasiez-vous seuls dans vos gras pâturages,
N'ébréchez pas pour nous votre avare budget ;
Renversons la colonne élevée en projet ;
Grâce à vous, l'étranger, qui dénigre la France,
Pourra juger, par là, de sa munificence.
Quant à ces dons piteux, à ces ignobles sous
Que trois longs mois d'attente ont recueillis de vous,
Trop sages pour bâtir une œuvre ridicule,
Un monument pygmée à des travaux d'Hercule,
Tel que ce bloc informe où le ciseau français
Parodia jadis l'image de Desaix (1) ;
Sans consulter Lemot, ni Pradier, ni Fontaine,
Nous pourrons en construire une borne-fontaine,
Un de ces lourds piliers, copiés des Romains,
Qu'on plante pour signaux au bord des grands chemins.

---

(1) Ce monument, indigne de la reconnaissance nationale, dégrada long-temps la place des Victoires. On l'a depuis claquemuré sur la place Dauphine ; il vaudrait mieux le faire disparaître tout à fait.

Eh bien! pour consacrer des merveilles guerrières,
Si la France est trop pauvre ou n'a plus de carrières,
Sans quêter plus long-temps de sordides écus,
Qu'on ramasse les os des Arabes vaincus,
Ces os déjà blanchis au souffle des tempêtes,
Et que Mostaganem garde encor sur ses crêtes.
Qu'un navire à vapeur, provisoire cercueil,
Transporte dans ses flancs ce funèbre recueil,
Que, pareil au Luxor venu des bords du Caire,
Il dépose à Paris le vaste reliquaire,
Et qu'on dresse à la hâte, avec ces ossemens,
Un monument étrange entre les monumens.
Si, pour édifier la colonne squelette,
Il manque un architecte, appelez un poète;
Je me charge du soin de dresser une tour,
Telle que nul de vous n'en vit jusqu'à ce jour;
L'ordre, le style seul de son architecture,
Diront son origine à la race future;
Son aspect fixera les regards du passant;
On y lira ces mots : UN HOMME CONTRE CENT.
Et peut-être qu'un jour, après mainte bataille,
Quand les vieux fournisseurs de mes pierres de taille,
Mutilés, déchirés autant que leurs drapeaux,
Chercheront dans Paris, l'air, le ciel, le repos,

Ils viendront quelquefois, avec leur capitaine,
S'asseoir et deviser sous la tour africaine ;
Édifice à la fois magnifique et hideux,
Indigne de la France et pourtant digne d'eux.

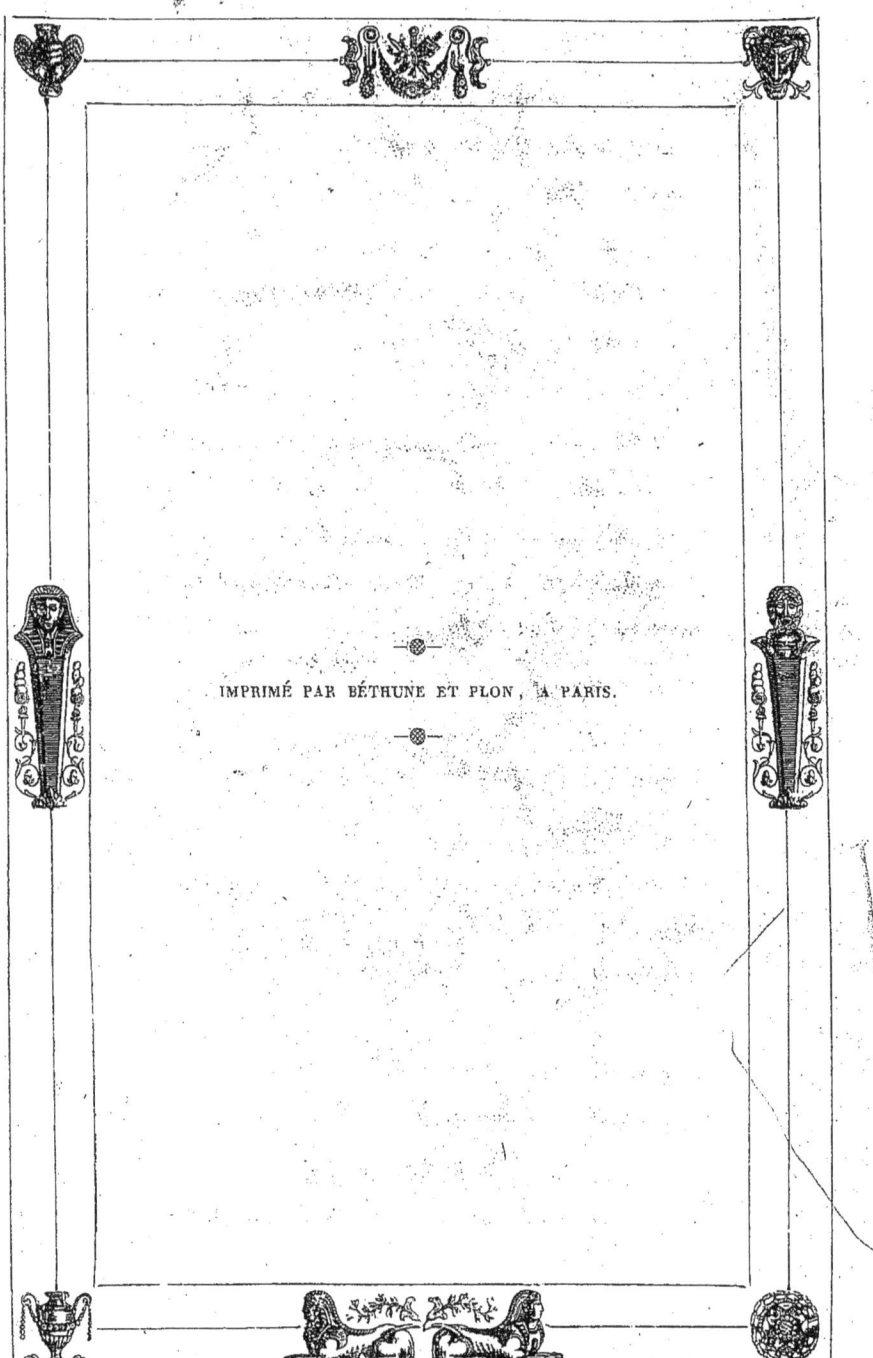

IMPRIMÉ PAR BÉTHUNE ET PLON, A PARIS.

www.ingramcontent.com/pod-product-compliance
Lightning Source LLC
Chambersburg PA
CBHW071427060426
42450CB00009BA/2057